LA LANTERNE

MAGIQUE

CHANSONS D'ACTUALITÉS PARISIENNES

Par MM. CLAIRVILLE, Albert DICK
Alcibiade FANFARE, Alexandre FLAN, Eugène GRANGÉ
Ch. GROU, F. VERGERON, etc., etc.

Paris. — Ch. GROU, Libraire-Éditeur,
8, Rue Cadet, Faubourg Montmartre.

PROSPECTUS

Air des *Comédiens*,

Ou : *Ne raillez pas la garde citoyenne.*

Au Châtelet, la Lanterne Magique,
A nos regards, et charmés et surpris,
Sous un aspect, ou comique ou tragique,
Montre l'ancien et le nouveau Paris.

Si, dans Paris sont les types modèles,
Les nouveautés que l'on nous montre ainsi,
De la chanson, nous, les amis fidèles
Ne pouvons-nous les découvrir aussi ?

Ne pouvons-nous, en portant notre vue
Sur les humains et sur leurs nouveautés,
Faire, en couplets, une grande revue
D'originaux et d'actualités ?

La Lanterne Magique.   1re LIVRAISON.

Les partisans de la chanson joyeuse
Ne peuvent-ils nous faire bon accueil?
Voilà l'idée, assez ambitieuse,
Qui nous a fait commencer ce recueil.

De mois en mois, de semaine en semaine,
En observant les types les plus neufs,
C'est, en un mot, la comédie humaine
Que nous voulons chanter sur des pont-neufs.

A tout Paris notre livre s'adresse...
Car nous mettrons nos soins particuliers
A ce qu'il plaise, à ce qu'il intéresse
Dans les salons et dans les ateliers.

Se gardant bien de prétendre à la gloire,
Ce noble but que Béranger visa;
Il n'ira pas non plus, j'aime à le croire,
Jusqu'aux abus du genre Thérésa.

Sans renfermer de vers académiques,
Il ne sera ni commun, ni banal,
Nous le voulons, quoiqu'un peu plus comique.
Aussi moral que le *Petit Journal*.

Un peu plus cher nous vendrons notre peine,
Nous paraîtrons, c'est la combinaison,
Par livraisons de quinzaine en quinzaine,
Et nous vendrons deux sous la livraison.

Donc, je l'écris en lettres Majuscules,
NOUS FRONDERONS, ET CELA POUR DEUX SOUS,
TOUS LES TRAVERS ET TOUS LES RIDICULES,
CE N'EST PAS CHER, ON EN VOIT TANT CHEZ NOUS!

Bref! déployant un courage énergique,
Et, du Public espérant le concours,
Nous montrerons la Lanterne Magique
Des nouveautés du Paris de nos jours.

CLAIRVILLE.

LE LUXE EFFRÉNÉ DES HOMMES

Air : *J'ons un curé patriote.*

Contre le luxe des femmes
Chacun pérore en tous lieux ;
Avant d'éreinter ces dames
Je pense qu'il vaudrait mieux
Chercher la cause du mal,
Et le guérir au total...
    A Paris,
      Mes amis,   } *bis.*
A Paris, tout comme ailleurs,
Crions tous : A bas les tailleurs !

Le luxe effréné des hommes
Fait celui des femmes ; si,
Tas de gandins que nous sommes,
(Excepté moi, Dieu merci!)
Nous n'étions pas si coquets,
Beau sex', tu nous imit'rais !
    A Paris,
      Mes amis,
Ne nous faisons plus si beaux ;
D'vant la laideur soyons égaux !

Ce sont les Palais modernes
Qui font l' luxe des habits ;
On habit'rait des cavernes
Qu'on s' vêtirait d' peaux d' brebis ;
Les habitants d' Montretout
N' s'habill'raient mêm' plus du tout ;

A Paris,
 Mes amis,
A Paris, partout crions :
Plus d'architectes, ni d' maçons.

J' féminise l' nom d' Polluxe
Pour la rime (est-ce un grand tort!)
Afin d' dire que le luxe
N' tentait ni lui, ni Castor ;
Dam ! dans nos jardins publics,
Ils n' port'nt pas du tout d' carricks.
 A Paris,
  Mes amis,
A Paris, comme à London,
Le carrick n'est plus de saison.

On n' verrait plus d' fill's de marbre
Avec piqueurs et cochers,
Si, chacun ayant son arbre,
Les humains vivaient perchés ;
De simples feuilles, oui-dà,
Serviraient de falbala.
 A Paris,
  Mes amis,
On n'aurait plus désormais
Affaire aux *couturiers* anglais.

Au moment ou je chansonne,
Crac ! soudain l'hiver est né...
Je grelotte, je frissonne ;
Vite ! vite ! un cache-né !..
Un pal'tot poil de bichon,
Au besoin même un manchon !...
 A Paris,
  Mes amis,   } *bis*.
Tout comme ailleurs, subito !
Ayons l' luxe d'un vêt'ment chaud.

    Alexandre FLAN.

DOLÉANCES
D'UNE DAME

A-PROPOS DU TYPHUS DES BÊTES A CORNES

Air : *Mon père était pot.*

Mon époux eut pour père un gros
    Fermier de Normandie,
Qui ne connut que des taureaux
    La grave mélodie,
     Et disait : mon fils,
     Ainsi que je fis,
    Il faut que tu te bornes,
     Pour me ressembler,
     A te signaler
    Dans les bêtes à cornes.

Quand je l'épousai, ce fut pour
    Qu'on m'appelât madame.
Mais ce n'était point par amour
    Que je devins sa femme.
     Puis, mari-garçon,
     Froid comme un glaçon,
    Rêvant de capricornes,
     S'il n'avait qu'un but
     Celui d'être… il fut
    Dans les bêtes à cornes.

Pour suivre ses gouts favoris,
　　Sur une vaste échelle
Il s'est fait construire à grand prix
　　Une ferme modèle.
　　　Heureux comme un Dieu,
　　　Il vit au milieu
　　De béliers, bœufs, licornes,
　　　Et vraiment il fait
　　　Un très bel effet
　　Dans les bêtes à cornes.

Depuis qu'un horrible typhus
　　Décime chaque bête,
Mon pauvre mari ne sait plus
　　Où donner de la tête :
　　　Il a l'air souffrant,
　　　Ses yeux en pleurant
　　Jettent des regards mornes,
　　　Je tremble pour lui...
　　　Il meurt aujourd'hui
　　Tant de bêtes à cornes.

Mais pour ses jours si précieux
　　J'avais bien tort de craindre,
Le mal quoique contagieux
　　N'est point venu l'atteindre.
　　　Si tout a péri,
　　　Plus tard, mon mari,
　—Le chagrin a des bornes ! —
　　　Se consolera,
　　　Est, et restera
　　Dans les bêtes à cornes.

Alcibiade Fanfare.

LA
FAMILLE BENOITON

Air : *Toto, Carabo.*

L'argot est à la mode,
C' langage, en société
    Très goûté,
Permet (c'est fort commode)
D' parler avec succès
    Peu français.
  Aussi chérit-on,
  Aussi gobe-t-on,
Comme un joli picton,
   Le mauvais ton
D' la famill' Benoiton.

Ce modèl' des familles
S' compos' d'un vieux richard,
    Pèr' Jobard,
De deux fils et d' trois filles.
Tous dévidant le *jars*
    Des boul'varts,
  Si bien qu'un Caton
  S' dit : « Jarnicoton!
» Faut qu'ils aient un hann'ton !
  » Quel fichu ton
» Ont tous ces Benoiton. »

Les d'moisell's ont des bottes,
Jupons extravagants,
    Catogans.
On dirait deux cocottes
Cherchant un cavalier
    Chez Bullier.
  Aussi leur prend-t-on,
  Dans leur phaéton,
Autre chos' que l' menton.
    Voilà le ton
Des d'moisell's Benoiton.

L'un' dit : « Elle est mauvaise ! »
Et l'autre d'ajouter :
    « Viens becqu'ter »
L' moutard, haut comme un' chaise,
Dit, en vrai p'tit noceur :
    « Et ta sœur ? »
  Le jeune avorton
  Sait l' cours du coton,
Et s' gris' comme un piston,
    Quel charmant ton
A Fanfan Benoiton !

Quant à la sœur aînée,
C'est la femm' d'un courtier
    Chipotier.
Or, se trouvant gênée,
Elle fait aux bains d' mer
    Un ch'min d' fer :
  Au bout d' son p'loton,
  D'un monsieur d' bon ton
Elle emprunte un jeton.
    Tel est l' feuill'ton
D' la grand' sœur Benoiton.

Quand il s' dout' de quèqu' chose,
Faut voir l' charivari
    Du mari !
Ce brave homme suppose
Qu'on a fait à son front
    Un affront :
 Jusqu'à son r'jeton,
  Qu'il croit (pauv' raton !)
Un bébé de carton.
   A Charenton
Faut mettr' ces Benoiton.

Tout ça, si l'on raisonne,
N'est p't-êtr' pas un ragoût
    D' très bon goût.
Pourtant l'esprit foisonne,
Un esprit pétillant,
    Sémillant.
 Aussi gobe-t-on,
  Et pardonne-t-on,
En faveur du feston,
  Le mauvais ton
D' la famill' Benoiton.

La moral' du vaud'ville,
C'est que monsieur Lhomond
    A du bon,
Et qu' c'est pas à Mabille
Qu' pour apprendre à parler
    Faut aller.
 De peur', ô Catons,
  D' fair' de vos r'jetons
Des gandins, des Gothons,
   Evitez l' ton
D' la famill' Benoiton.

Eugène Grangé.

LES
COCOTTES

Air du *Charlatanisme*.

Ah ! le bon temps que celui-ci,
Disent nos viveurs à la mode ;
On va bientôt fermer Clichy,
Et le sexe devient commode.
Nous pourrons couvrir de velours
Nos belles aux douces menottes :
Souriez-nous, tendres amours.
On va museler les vautours.
Salut : Beau siècle des cocottes !

Pour s'égayer, nos bons aïeux
Avaient l'idylle et la romance,
S'ils dansaient, leurs élans joyeux
Ne blessaient jamais la décence.
Aujourd'hui singeant Thérésa,
Sa voix rauque, ses fausses notes,
La danse qu'elle improvisa
Dans nos salons a son visa.
Salut : Beau siècle des cocottes !

Nous écoutions de nos parents
Et les conseils et la morale,

Aujourd'hui par cent mille francs
On se ruine, on fait scandale.
Que voit-on?... De faibles mineurs
Du papa chipant les banknotes,
Aux juges qui blâment leurs mœurs
Répondre... *à Chaillot les gêneurs*.
Salut: Beau siècle des cocottes!

Jadis, le public accourait
S'amuser aux vives saillies,
Dont chaque artiste saupoudrait
De délirantes comédies;
Il fallait plus que du métier,
Hélas! la *Vénus aux carottes*
Gagne des voitures d'osier,
Et des meubles de chez Roncier.
Salut· Beau siècle des cocottes!

Qui n'a vu, nos sœurs, nos mamans.
Faire une modeste parure
Avec des fleurs, ces riens charmants,
Qu'offre gratis dame nature.
Nos belles, sur le boulevard,
Portent le tricorne, les bottes,
De faux cheveux, du noir, du fard
Et nous font baisser le regard.
Salut: Beau siècle des cocottes!

En mariage, on veut de l'or,
Dès que l'âme est lasse et fourbue,
Pour regarnir son coffre-fort,
On prend femme vieille ou bossue.
On la trompe avec ses écus:

Une biche, aux blanches quenottes,
Minaudant des airs ingénus,
Croque le fonds, les revenus :
Salut ! Beau siècle des cocottes !

Que peuvent ces couplets railleurs,
Que vient de griffonner ma plume,
Ils ne vous rendent pas meilleurs,
A tort, ma verve se r'allume.
Obéissez à vos penchants,
Je reprends mes chansons falottes,
Vous n'êtes que de grands enfants,
Bien plus étourdis que méchants :
Riez au siècle des cocottes !

F. Vergeron.

TABLE

1. Prospectus. — 3. Le Luxe effréné des Hommes.
—5. Doléances d'une Dame.—7. La Famille Benoiton.
— 10. Les Cocottes.

Paris. — CH. GROU, Libraire-Editeur
8, RUE CADET, FAUBOURG MONTMARTRE

Les Chansons contenues dans ce Recueil sont la propriété de l'Éditeur.—Les Contrefaçons seront poursuivies avec toutes les rigueurs des Lois.

EN VENTE A LA MÊME LIBRAIRIE

LE CAVEAU (recueil de chansons) 32ᵉ Année (32ᵉ Vol.)
Un Volume grand in-18
Publié en 12 livraisons de 36 pages chacune, à 20 c.
(25 c. par la Poste)
Prix du Volume : 2 Francs.

LA LANTERNE MAGIQUE

CHANSONS D'ACTUALITÉS PARISIENNES

2ᵐᵉ Livraison.

PIPE-EN-BOIS

Air: *Voyez sur cette roche* (FRA DIAVOLO).

Quel est ce fanatique
Qui, du fond du quartier latin,
Avec son sifflet clandestin
  Trouble notre destin ?
  Cet être fantastique
Qui semble embusqué dans un bois,
Et mit, nouveau Robin des bois,
  Les Goncourt aux abois ?
Tremblez !... ce terrible jeune homme,
  Mes amis, il se nomme
    Pipe-en-bois !   (ter.)

Avec crainte on s'aborde :
« Ce Pipe-en-bois, le connais-tu ?
« Porte-t-il un chapeau pointu,
  « Ou le col rabattu ?
  « Est-il chef d'une horde ?

La Lanterne Magique.   2ᵉ LIVRAISON.

« Ou n'est-ce pas plutôt, je crois,
« L'ante-christ prédit autrefois
 « Par l'almanach liégeois? »
Tremblez!... j'ai lu sa circulaire :
 Il est fort en colère,
   Pipe-en-bois !

Dans une brasserie
Personne n'a vu ce Shylock
Le soir faire une bille au bloc,
 Ou consommer un bock,
 Nul, à la Closerie,
Ne le vit, au son du hautbois,
Esquisser un cancan grivois
 Devant un frais minois,
Tremblez !... on pressent la tempête,
 Et tout bas l'on répète :
   Pipe-en-bois !

Chacun sait la cabale
Dont il fut l'agent infernal,
Pauvre *Henriette Maréchal*,
 Il t'a bien fait du mal !
 Jamais pareil scandale
Depuis *Hernani*, je le crois,
N'avait fait vibrer les parois
 D'un orchestre courtois.
Tremblez !... des *Français* que j'honore
 L'écho redit encore :
   Pipe-en-bois !

Les théâtres frémirent ;
L'Odéon d'effroi recula,
Disant : « quel est cet homme-là,
 « Ce moderne Attila ? »
Tous les journaux redirent

Le nom du farouche Iroquois,
Et Trimm lança, d'un ton narquois,
   Les traits de son carquois.
Tremblez, braves gens qu'il menace,
   De rencontrer en face
     Pipe-en-bois !

   Pourtant, qu'on se rassure ;
Car, sachez tous la vérité :
Ce Pipe-en-bois si redouté
   N'a jamais existé.
    C'est une bourde pure ;
On prétend même, ô bons bourgeois,
Que le bœuf gras va, dans un mois,
   S'appeler Pipe-en-bois.
Sonnez, clarinette et trombonne,
   Et que chacun couronne
     Pipe-en-bois !

Eugène Grangé.

LA TERRE SE RALENTIT

Air : *Faut l'oublier disait Colette.*

Amis, une étrange nouvelle,
Un déplorable évènement,
Que j'ai lu dans l'*Evènement*
Me cause une frayeur mortelle.

La terre, je ne sais comment,
Dans l'espace autrefois lancée,
Et qui tournait si vivement,
La terre... effroyable pensée !   } bis.
A ralenti son mouvement.

Or, savez-vous les conséquences
Que, pour nous, cela peut avoir ?
Nous ne pourrons plus nous mouvoir ;
O quelles tristes existences !...
Nous devrons graduellement,
Si l'atmosphère nous englobe,
Nous ralentir également,
A mesure que notre globe
Ralentira son mouvement.

Nous vivrons, changeant de principes,
Et, du sol sans nous détacher,
Comme vivent, sur un rocher,
Les mollusques et les polypes...
Voyant notre engourdissement,
L'amour, qui veut qu'on le seconde,
S'éloignera certainement,
Car l'amour s'éloigne d'un monde
Qui ralentit son mouvement.

Beau siècle des fils électriques,
Et des chameaux d'Abd-el-Kader,
Beau siècle des chemins de fer,
Et des bateaux transatlantiques,
Si la terre sensiblement
Ralentit sa vitesse extrême,
Il faudra bien fatalement
Que le progrès, le progrès même,
Ralentisse son mouvement.

Jockeys si minces, qui naguères
Faisiez courir Gladiateur,
Et vous jeunes biches, sans cœur.
Mais si lestes et si légères,
Bref! vous tous, qui journellement
Vers la Belgique et l'Angleterre
Leviez le pied si promptement,
Que deviendrez-vous quand la terre
Ralentira son mouvement?

Ainsi que fait une toupie,
Ayant ronflé quelques instants,
La terre, depuis bien longtemps,
Dormait sur son axe accroupie.
Mais elle oscille en ce moment,
Et dans le soleil... Dieu suprême!
On dit qu'elle doit follement
Aller se brûler d'elle-même,
Pour terminer tout mouvement.

Mais à ce récit dramatique,
Ainsi que moi, vous tremblez tous,
O mes amis, rassurez-vous,
Par un calcul mathématique,
La terre, en se ralentissant,
Epargnera nos destinées,
Puisque ce n'est que dans huit cent
Soixante-quatre mille années
Qu'elle arrête son mouvement.

Clairville.

L'HOMME A LA VACHE

Air : *Adieu, je vous fuis, bois charmant.*

Tout Paris est en ce moment
En proie à certaine toquade,
Qui dégotte complètement
Le fameux chien d'Alcibiade ;
Car on ne peut plus s'aborder
Qu'on ait crinoline ou moustache,
A l'envi sans se demander :
« Avez-vous été voir la vache ? »

Ce n'est pas la vache à Colas,
Ce n'est pas la vache enragée,
C'est la vache à lait, en tout cas,
Parvenue à son apogée ;
Depuis le jour, où du vaccin
Grâce à lui chacun s'amourache,
Adroitement un médecin
A fait un veau d'or de sa vache.

Elle ne fait pas au client
Sentir la pointe de ses cornes,
Et jette sur le patient
Des regards ennuyés et mornes :
A voir de son flanc sans répit
Tant de pustules qu'on arrache,
On comprend bien qu'avec *dépit*
On soit accueilli par la vache.

Pour dix francs, un prix modéré,
Elle reçoit à domicile,
Mais si l'on est riche ou titré,
Volontiers elle va-t-en ville :
Elle s'y conduit fréquemment,
Sans se douter que cela tache,
Comme si votre appartement
Était le plancher de la vache.

Une dame, qui ne craint pas
Pour ses mœurs d'être remarquée,
Mais qui tremble pour ses appas,
Et ne veut pas être marquée,
Nous répète sur tous les tons,
Et tient fort à ce qu'on le sache,
Qu'elle a sur le corps des boutons
Qui sont bien des boutons de vache.

Pour chasser la mauvaise humeur
Puisque la chose est efficace,
Et que de certaine tumeur
Elle peut préserver la face,
Ne tenant pas à poser pour
Le fanfaron et le bravache.
Je vais faire, attendant mon tour,
La queue... à celle de la vache.

Pour la bête l'on sait comment
Finira la cérémonie,
Mais à toujours, dès ce moment,
A son docteur elle est unie :
Par elle, la célébrité
Qui partout à son nom s'attache,
Le mène à la postérité
Sous celui de l'*homme à la vache*.

Alcibiade FANFARE.

CONFÉRENCES ET ENTRETIENS

Air : *Que le sultan Saladin* (Grétry).

Qu'à la sall' Valentino,
Ru' d' la Paix, au Casino,
Quai Malaquais ou ru' Scribe
De beaux parleurs on exibe
Pour *Conférence*, *Entretien*,
  C'est bien,
  Fort bien,
Mais ça ne m'amuse en rien.
Moi, je ne crains pas de le dire :
  J'aime mieux rire.

Lorsqu' Alexandre Dumas
— Le père ! — n'hésite pas
Pour vingt francs à me redire
Ses *mémoires* qu'on peut lire
Pour vingt sous, dam ! je convien
  Très bien,
  Fort bien,
Que ça ne m'amuse en rien.
Moi, je ne crains pas, etc.

Qu'un acteur pensionné (*)
Nous vienne, en parlant du né,
Au lieu de jouer Molière,
Commenter à sa manière
L'illustre comédien,

(*) M. Samson, de la Comédie-Française.

C'est bien,
Fort bien,
Mais ça ne m'amuse en rien.
Moi, je ne crains pas, etc.

A l'ouvertur' si **Féval**,
Comme *Henriette Maréchal*,
Avait soul'vé sur sa tête
Des *Français* la gross' tempête,
Dans la salle, je soutien,
Très bien,
Fort bien,
Qu'il n'eut pas fait un froid d' chien.
Moi, je ne crains pas, etc.

Les femmes viendront aussi.
Déjà m'ame Esther Sezzi,
D'un luxe effréné d' paroles
Nous a fait des speechs pas drôles
Sur le lux' parisien.
C'est bien,
Fort bien,
Mais ça ne m'amuse en rien.
Moi, je ne crains pas, etc.

Pour trois francs, au *Châtelet*,
On me donne gai couplet,
Costumes, décors féerique
Dans la *Lanterne Magique,*
Et je trouverais moyen,
Très bien,
Fort bien,
D' dormir dans un *Entretien!*
Moi, je ne crains pas, etc.

Qu'on aille entendre, le soir,
Jaboter en habit noir,
J'avou' que les conférences
Qui l' plus ont mes préférences
Sont cell's qui, dans l' temps ancien,
  Très bien,
  Fort bien,
D'amitié formaient le lien.
Moi, je ne crains pas de l' dire :
 J'aime mieux rire.

Albert D<small>ICK</small>.

V'LA L' BONHEUR
LA
JOI' DES ENFANTS!

A<small>IR</small> *du Calpigi*.

Quand revient la nouvelle année,
On entend, toute la journée,
Les appels que chaque marchand
Sans se lasser, fait au chaland; *(bis)*
Dans les mille cris de la rue
Il est une phrase connue,
Que l'on répète tous les ans :
V'la l' bonheur, la joi' des enfants !
La tranquillité des parents !

 Je connais plus d'un journaliste
 Furieux quand il voit la liste
 Où figure, au premier de l'an,
 Chaque élu du bout de ruban *(bis.)*

Trop de croix ! dit-il, en colère...
Qu'on rougisse sa boutonnière,
Il changera de sentiments :
    V'la le bonheur, etc.

Écrivains, auteurs dramatiques
N'aiment que fort peu les critiques,
Et gardent toujours une dent
A qui conteste leur talent : (*bis*.)
Veut-on arriver à leur plaire,
Sous leur nez il suffit de faire
Brûler beaucoup de grains d'encens :
    V'la l' bonheur, etc.

Elle avait grand'peur, ma cousine,
De coiffer Sainte-Catherine,
Son air était triste et navrant,
Son cœur bien gros et soupirant : (*bis*)
D'où vient donc sa mine riante ?...
J'y suis !... un mari se présente
Juste au seuil de ses vingt-cinq ans :
    V'la l' bonheur, etc.

Votre femme est-elle songeuse,
Paraît-elle moins... amoureuse ;
Pour conjurer un accident
Toujours plein de désagrément, (*bis*)
Offrez-lui vite, et sans rien dire
Des diamants, un cachemire :
Bagatell' de quelques mill' francs :
    V'la l' bonheur, etc.

Mon portier, toujours si morose,
Devient... quelle métamorphose !
Aimable, empressé, prévenant,
Son sourire est presque avenant : (*bis*)

Il parle en tenant sa casquette !...
Un tel changement m'inquiète...
Pour étrenne il flaire dix francs :
　　V'la le bonheur, etc.

Puisque j'ai pris ce cri pour thème,
J'ai bien pu l'appliquer quand même
A l'homme qui, le plus souvent,
N'est, après tout, qu'un grand enfant ! (bis.)
De lui veut-on se rendre maître,
Entre ses mains l'on n'a qu'à mettre
Quelques hochets bien séduisants :
V'la l' bonheur, la joi' des enfants!
La tranquillité des parents !

　　　　　　　　　　Ch. Grou.

TABLE

13. Pipe-en-bois. — 15. La Terre se ralentit. — 18. L'Homme à la Vache. — 20. Conférences et Entretiens. — 22. V'la l' bonheur, la joi' des enfants!

LA LANTERNE MAGIQUE

REVUE EN CHANSONS

PARAIT UNE OU DEUX FOIS PAR MOIS

Prix de la Livraison : 10 Centimes.

Paris. — CH. GROU, Libraire-Editeur

8, RUE CADET, FAUBOURG MONTMARTRE

Les Chansons contenues dans ce Recueil sont la propriété de l'Éditeur. — Les Contrefaçons seront poursuvies avec toutes les rigueurs des Lois.

Paris. — Imprimerie A. Appert, passage du Caire, 56

LA LANTERNE MAGIQUE

CHANSONS D'ACTUALITÉS PARISIENNES

3ᵐᵉ Livraison.

DÉBUTS

DU

BŒUF GRAS

AU

THÉATRE DU CHATELET

Paroles de CLAIRVILLE.

Air : *Je vais revoir ma Normandie.*

Heureux comme on l'est au jeune âge,
Loin des jaloux et des méchants,
Né dans un joyeux pâturage,
Il aimait à courir les champs !
Encore exempt de maladie,
Bégayant son premier amour,
Il chérissait sa Normandie,
Ce beau pays qui lui donna le jour.

C'est du bœuf gras de cette année
Que je vous parle, écoutez-moi :
De Paris, noble destinée,
Pendant un jour il fut le Roi.
Son entrée y fut applaudie ;
Mais la foule en vain l'acclamait,
Il regrettait sa Normandie
Son frère — un veau — la vache qu'il aimait.

Oui, tout un jour on le protège,
Il marche entouré d'oripaux,
On lui fait un brillant cortège,
Conduit par des municipaux.
Mais une sombre tragédie
Devait, par un coup clandestin,
De l'enfant de la Normandie,
Le même soir, terminer le destin.

Au moment le plus dramatique,
— Arrêtez ! crie un directeur,
J'ai, pour ma *Lanterne magique*,
Besoin de ce nouvel acteur ;
Et, pour jouer la comédie
Au théâtre du Châtelet,
Le héros de la Normandie
Échappe encore au bras qui l'immolait.

Ainsi, né sous un toit champêtre,
Simple comme Cincinnatus,
Comme César il faillit être
Assassiné par un Brutus.
Et, quelle étrange parodie !
A ses yeux, encore inquiets,
Le soleil de sa Normandie
Est remplacé par de simples quinquets.

De beaucoup d'impudiques flammes
Le théâtre entretient l'abus,
Du Châtelet les trois cents femmes
Vont presque *in naturalibus.*
Ça provoque maint incendie,
Oublira-t-il les chastetés
Des amours de sa Normandie,
Pour des amours aussi décolletés!

Vraiment, c'est à ne pas le croire,
Naître aux champs, puis se pavaner
A Paris, dans un jour de gloire,
Pour finir par cabotiner!
Cette histoire, que j'étudie,
Et que je vous cite à propos
D'un héros de la Normandie,
Est celle, hélas! de beaucoup de héros.

LE CHIC

CONFÉRENCE PAR UNE BENOITONNE

Paroles d'Eugène GRANGÉ.

Air: *En vérité je vous le dis* (Bérat).

Tant en province qu'à Paris,
On nous a fait des conférences
Sur des sujets plus ou moins rances,
Sur Rabelais et ses écrits,

Et sur Rétif de la Bretonne,
Et sur Gœthe, et sur Copernic,
Moi, qui suis une Benoitonne,
J'en vais faire une sur le chic.

Le chic! le chic, ce dieu du jour,
Dont l'aristarque en vain se choque,
Sous d'autres noms, à mainte époque,
De Paris a fait son séjour.
Qu'étaient jadis les *Précieuses*,
Dont Molière a raillé le tic?
Qu'étaient plus tard les *Merveilleuses ?*
C'étaient des faiseuses de chic!

Le chic, mes sœurs, est très ancien.
Quand l'excentrique Alcibiade,
Vers la centième olympiade,
Retranchait la queue à son chien ;
Quand Néron à l'amphithéâtre
Cabotinait ; — Quand par l'aspic
Se faisait piquer Cléopâtre,
Tous ces gens là faisaient du chic.

Mais qu'ai-je dit? en vérité,
Le chic est vieux comme le monde.
C'est pour le chic qu'Eve la blonde
Rougit de sa simplicité :
Elle avait, en cueillant la pomme,
Des beaux atours le pronostic,
Et ne tenta le premier homme
Qu'afin de faire un peu de chic.

Du chic voici le manuel :
Aller au bois, au steeple-chase,
Serrer la main, comme une anglaise,
A George, Arthur, Emmanuel ;
Porter lorgnon, gilets et bottes,
Boire, fumer, avoir un stick ;
Bref, singer le ton des cocottes,
Il faut ça pour avoir du chic.

Quant au langage, il est charmant,
Plein de noblesse et d'élégance ;
L'époque de *Bu.... qui s'avance*
Possède aussi son rudiment.
« *Tu la fais bonne !* ou *tu m'épates !* »
Dire en sortant d'un lieu public ;
« *Je me paie un' paire de pattes.* »
Il faut ça pour avoir du chic !

Donc, *à Chaillot* tous les censeurs,
Et moquons-nous de leur colère !
Mesdames, si vous voulez plaire,
Ecoutez-moi, mes chères sœurs :
Faites l'aumône avec largesse,
Ayez l'amour du bien public,
De la vertu, de la sagesse ;
Mais avant tout ayez du chic !

TU PEUX T' FOUILLER

Paroles d'Alcibiade FANFARE.

Air : *Ça n' se peut pas.*

Muse chaste, muse caline
De l'églogue au ton langoureux,
Si tu t'es mis dans la trombine
Que nous allons rimer tous deux,
Que, lancé dans la pastorale,
Ce soir, je m'en vais gazouiller
Une romanc' sentimentale...
    Tu peux t' fouiller.

Jeune homm', je te trouv' magnifique,
De ta personn' tu n'as pas soin,
Tu possèd's un vilain physique,
Et t'es bête à manger du foin :
Ta fortune étant un problème
Que nul ne saurait débrouiller,
Tu veux être aimé pour toi-même...
    Tu peux t' fouiller.

Enfant, qui commences la vie,
Et qui de tout voulant user,
Possèd's une bonn' dos' d'envie
De ne rien faire et d' t'amuser,
De la rout' craignant les orties,
Si tu pens's que, sans travailler,
Les griv's te tomb'ront tout's rôties.
    Tu peux t' fouiller.

D'une certaine demoiselle
Un clerc d'huissier suivant les pas,
Se plaignait d'avoir reçu d'elle
Un cadeau... qui n' lui plaisait pas :
Crois-tu, dit-ell', d'un' voix d' cantine,
Que pour trent' sous j'allais t' bailler
La croix d'honneur sur la poitrine,
    Tu peux t' fouiller.

Vieux fou, que le désir tourmente,
Et qu'il entraîne à se laisser
Tomber aux pieds d'un' femm' charmante,
Quand vient l' moment de se r'dresser,
Si tu t' figur's que ta vieill' jambe
Va tout à coup se dérouiller,
Et que tu feras feu qui flambe...
    Tu peux t' fouiller.

Qu'un pauvr' garçon dans la détresse
A ton obligeance ait recours,
Ne crains jamais que je t'adresse
Le reproch' de v'nir à son s'cours :
Mais qu'il parvienne à l'opulence,
Et s'en fasse un doux oreiller,
Si tu compt' sur sa r'connaissance,
    Tu peux t' fouiller.

Un chansonnier, qui s' croit poète,
Et prend sa guimbard' pour un luth,
M' cherchait, à propos d' cett' bluette,
Des petit's bêt's dans l'occiput :
Cher ami, dis-j', ne t'en déplaise,
C'est pas la pein' de m' farfouiller,
T'en as p't-êtr' commis d' plus mauvaise,
    Tu peux t' fouiller.

LES TRICHINES

ou la

MALADIE DES COCHONS

Paroles d'Albert DICK.

Air : *C'est le gros Thomas.*

Il nous est venu,
Ces derniers temps de l'Allemagne,
Un mal inconnu,
Et l'on craint fort qu'il ne nous gagne.
Ce mal, chez nous, tout neuf,
N'atteint mouton ni bœuf :
Un petit ver, nommé *trichine*,
S'attaque à la race porcine.
Sous un autre nom,
C'est le mal du cochon.

Or, l'homme est atteint
Lui-même par l'animalcule,
Qui, dans l'intestin,
Se développe et puis circule.
Le malade frappé
N'est jamais réchappé.

Il dépérit, bientôt expire...
Par ce côté, — c'est triste à dire!—
　　Nous nous rapprochons
　　Encore des cochons.

　　C'est sûr! moi, d'abord,
J'avoue humblement que je n'ose
　　Plus manger de porc,
De crainte de la *trichinose*.
　　C'est un fichu métier
　　Que celui d' charcutier.
Les charcutiers, de leurs boutiques,
Vont voir déserter les pratiques.
　　Mes amis, fuyons,
　　Fuyons l' mal des cochons!

　　Adieu! bons pâtés,
Jambons fumés et fine andouille,
　　Foi's gras veloutés;
Il faut qu'avec vous je me brouille!
　　N'en pouvant plus manger,
　　Pour nous dédommager,
Le charcutier, pas mal tartuffe,
Qui fait en mérinos la truffe,
　　Va faire en carton
　　Tous ses pieds de cochon.

　　Un vieux céladon
Rencontre, un soir, une brunette,
　　Lui prend le menton,
Propose un souper chez Vachette,
　　Et le coquin fieffé
　　Même offre un pied truffé.

—« Croyez-vous donc que votre viande
Le moins du monde m'affriande ?
    Non !... vieux folichon,
    J' crains trop l' mal du cochon ! »

    Puisque au Paradis
Sur les mortels chaque saint veille,
    Prions-les; je dis
Qu'ils ne f'ront pas la sourde oreille :
    Donc, étant exposés
    D'être trichinosés,
Brûlons un cierge à *sainte Couenne*.
Gardez-nous, *saint Doux, saint Antoine,*
    Et ton compagnon,
    D' l'affreux mal du cochon!

BATTY & PATTI

Paroles d'Alexandre FLAN.

Air : *Bonjour, mon ami Vincent.*

La vogue a, pour le moment,
Double merveille fameuse :
Batty, le dompteur charmant,
Patti, la grande chanteuse ;

Avec quelle ardeur les parisiens
Vont, courant du *Cirque* aux *Italiens*;
Leur folie est si curieuse
Qu'on entend partout répéter ceci :
Allons voir *Patti* !
Allons voir *Batty* !
Qu'elle est bell', pristi ! qu'il est bien bâti !

Le refrain de la *Patti*
Dans l'espace vole, vole ;
Avec ses lions *Batty*
Batifole, fole, fole...
Dans *Linda*, l'une est un sucre, un vrai miel !
Dans sa cage l'autre éclipse Daniel !
L'un rugit, l'autre rossignole,
Et plus que jamais on entend ceci :
Allons voir *Patti* !
Allons voir *Batty* !
Qu'elle est bell', pristi, qu'il est bien bâti !

Si le Cirque est chaque soir
Fertile... en incidents, j' gage
Qu' ses lionnes, doux espoir,
Le sont encor davantage ;
L'un' d'ell's a mis bas trois lions nouveaux,
Amours de lions, gentils lionceaux,
Lesquels déjà, dans leur langage,
Avec le public semblent dire aussi :
Venez voir *Patti* !
Venez voir *Batty* !
Qu'elle est bell', pristi ! qu'il est bien bâti !

Je m' permets d' fair' remarquer
A *Patti*, la prime donne,
Qu'elle est gentille à croquer,
Or j' craindrais pour sa personne.

Pour elle il serait beaucoup moins dang'reux
D'aller voir seul'ment l' *Lion amoureux*,
Qu'aux *Français* le succès couronne,
Et quant à moi, dam ! je conclus ainsi :
Je n'irai voir ni
Batty, ni *Patti*,
Ce sera plus simple et plus tôt fini.

TABLE

25. Débuts du Bœuf gras au théâtre du Châtelet. — 27. Le Chic. — 30. Tu peux t' fouiller. — 32. Les Trichines. — 34. Batty et Patti.

LA LANTERNE MAGIQUE

REVUE EN CHANSONS

PARAIT UNE OU DEUX FOIS PAR MOIS

Prix de la Livraison : 10 Centimes.

EN VENTE A LA MÊME LIBRAIRIE

LE CAVEAU (RECUEIL DE CHANSONS) 32ᵉ Année (32ᵉ Vol.)
Un Volume grand in-18

Publié en 12 livraisons de 36 pages chacune, à 20 c.
(25 c. par la Poste)

Prix du Volume : 2 Francs.

Paris. — CH. GROU, Libraire-Editeur

8, RUE CADET, FAUBOURG MONTMARTRE

Les Chansons contenues dans ce Recueil sont la propriété de l'Éditeur. — Les Contrefaçons seront poursuvies avec toutes les rigueurs des Lois.

Paris. - Imprimerie A. Appert, passage du Caire, 56

www.ingramcontent.com/pod-product-compliance
Lightning Source LLC
Chambersburg PA
CBHW060705050426
42451CB00010B/1286